Wilhelmshaven

Sachbuchverlag Karin Mader

Fotos:
Bernd Schlüsselburg

Text:
Michael Konken

Grasberg 1999

Übersetzungen:
Englisch: Michael Meadows
Französisch: Mireille Patel

Printed in Germany

ISBN 3-921957-70-2

In dieser Serie sind erschienen:

Aschaffenburg
Baden-Baden
Bad Oeynhausen
Bad Pyrmont
Bochum
Bonn
Braunschweig
Bremen
Bremerhaven
Buxtehude
Celle
Cuxhaven
Darmstadt
Darmstadt und der Jugendstil
Duisburg
Die Eifel
Eisenach
Erfurt
Essen
Flensburg
Freiburg
Fulda
Gießen
Göttingen
Hagen
Hamburg
Der Harz
Heidelberg
Herrenhäuser Gärten
Hildesheim
Kaiserslautern
Karlsruhe
Kassel
Kiel
Koblenz
Krefeld
Das Lipperland
Lübeck
Lüneburg
Mainz
Mannheim
Marburg
Die Küste –
Mecklenburg-Vorpommern
Minden
Mönchengladbach
Münster
Das Neckartal
Oldenburg
Osnabrück
Die Küste – Ostfriesland
Paderborn
Recklinghausen
Der Rheingau
Rostock
Rügen
Die Küste –
Schleswig-Holstein Nordsee
Die Küste –
Schleswig-Holstein Ostsee
Schwerin
Siegen
Stade
Sylt
Trier
Tübingen
Ulm
Wiesbaden
Wilhelmshaven
Wolfsburg
Würzburg
Wuppertal

Titelbild:
Das Rathaus

Im Jahre 1848 bemühte sich Preußen unter dem Oberbefehl von Prinz Adalbert um den Aufbau einer eigenen Flotte. Der Plan eines preußischen Nordseehafens kam der oldenburgischen Staatsregierung aufgrund der angestrebten Verbesserung der wirtschaftlichen und sozialen Verhältnisse im nördlichen Teil des Großherzogtums sehr entgegen.
Mit dem Abschluß des »Jade-Vertrages« am 20. Juli 1853 zwischen dem Königreich Preußen und dem Großherzogtum Oldenburg wurde die Abtretung von 313 ha oldenburgischen Gebietes zur Errichtung eines Marinestützpunktes vereinbart. Der Kaufpreis betrug nach damaliger Währung 500 000 Taler.
1869 weihte König Wilhelm I. von Preußen den Hafen ein und gab der entstehenden Stadt seinen Namen. Bis zum Ende des Zweiten Weltkrieges lebte die Stadt nur von der Marine. Nach dem Ende des Zweiten Weltkrieges suchten die Verantwortlichen für Wilhelmshaven eine neue Leitfunktion, die die Jadestadt künftig eigenständig und losgelöst von einseitigen, militärischen Überlegungen entwickeln sollte.
Wilhelmshaven ist mit seinen ca. 92.000 Einwohnern der größte Marinestandort, einziger Tiefwasser und umschlagmäßig der zweitgrößte Hafen Deutschlands. Die Stadt ist das wirtschaftliche und kulturelle Oberzentrum der Region Nordwest.
Die Zukunftsperspektiven liegen im Hafen- und Wirtschaftsbereich, im Bestand des Marinestandortes, in der Entwicklung fortschrittlicher Energietechnologien sowie in der Weiterentwicklung als Kultur-, Freizeit- und Urlaubszentrum.
Seit einigen Jahren entwickelt sich Wilhelmshaven zu einem der bedeutendsten Standorte für meerestechnikorientierte und meereswirtschaftliche Aktivitäten in Deutschland.
Das Projekt der »Expo am Meer« im Jahr 2000, Wilhelmshavens Beitrag zur Weltausstellung in Hannover, war der Auftakt neuer Aktivitäten in den verschiedensten Bereichen, besonders im maritimen Bereich.

In the year 1848 Prussia, under the command of Prince Adalbert, strove to set up its own fleet. The plan of having a Prussian North Sea port was very much welcomed by the Oldenburg state government because of the improvement in economic and social conditions which was aimed at in the northern part of the grand duchy.
In accordance with the "Jade Agreement" concluded on July 20, 1853 between the kingdom of Prussia and the grand duchy of Oldenburg, an agreement was reached on the transfer of 313 ha of Oldenburg's territory for the setting up of a naval base. The purchase price in the currency of that time was 500,000 Thalers.
In 1869 King Wilhelm I of Prussia officially opened the port and gave the city his name. Up to the end of the 2nd World Wat the city lived only from the navy. After the end of the war those in charge sought a new function for Wilhelmshaven which would enable the town to develop in the future on its own, independent of one-sided, military considerations.
Today Wilhelmshaven with its population of approx. 92,000 is the largest naval site in Germany, the only German deepwater port and the economic and cultural center of the northwest region.
The future prospects of the city are to be found in the harbor and economic sector, in the continued existence of the naval site, in the development of advanced energy technologies as well as in its further development as a cultural and recreational center.
For some years now Wilhelmshaven has been growing into one of the most important locations for activities in the field of marine technology and marine commerce in Germany.
The "Expo am Meer" project in the year 2000, Wilhelmshaven's contribution to the World Exposition in Hannover, marked the start of new activities in a variety of areas, particularly the maritime sector.

En 1848 la Prusse, sous le commandement suprême du prince Adalbert, souhaitait constituer sa propre flotte. Le grand-duché d'Oldenbourg, quant à lui, désireux d'améliorer les conditions économiques et sociales au nord de son territoire, était favorable à l'établissement d'un port prussien sur la mer du Nord.
Avec le »contrat de Jade« du 20 juillet 1853, le grand-duché d'Oldenbourg cédait 313 ha à la Prusse contre la somme de 500 000 thalers, en monnaie de l'époque.
En 1869 le roi Guillaume I de Prusse inaugurait solennellement le port et donnait son nom à la ville qui commençait à se former.
Jusqu'à la fin de la Deuxième Guerre Mondiale la ville ne vécut que de la marine. Après la guerre, les responsables voulurent donner à Wilhelmshaven une nouvelle fonction pour permettre à la ville de Jade de se développer de façon plus diversifiée, indépendamment de considérations militaires.
Avec ses quelques 92 000 habitants Wilhelmshaven est aujourd'hui la plus grande base navale d'Allemagne, le seul port allemand en eau profonde et le centre culturel et économique de la région du nord-ouest.
Les perspectives d'avenir de la ville résident dans le domaine des activités portuaires et économiques, le maintien de la base navale, la création de technologies progressistes en matière d'énergie et le développement du rôle joué par la ville en tant que centre de culture, de loisirs et de vacances.
Depuis quelques années Wilhelmshaven est devenu l'un des sièges les plus importants d'Allemagne pour les activités relatives aux techniques et à l'économie de la mer.
Le projet »Expo au Bord de la Mer« de l'an 2000 – contibution de Wilhelmshaven à l'Exposition Internationale de Hanovre, a été l'occasion de nouvelles activités dans des domaines très variés mais surtout dans le domaine maritime.

Bummel durch die »Kaiserzeit«

Das Rathaus mit seinem 49 Meter hohen Turm ist der ideale Ausgangsort für einen Bummel durch Wilhelmshaven. Eindrucksvoll belegt der Blick vom Rathausturm den Namen »grüne Stadt am Meer«, öffnet Blicke in das friesische Umland, auf den Jadebusen und seinem Nationalpark »Niedersächsisches Wattenmeer«. Das Rathaus wurde im Jahre 1929 eingeweiht und steht auf 1000 Pfählen. Die Einwohner nennen es liebevoll »Burg am Meer«.
Gebaut wurde es vom Hamburger Architekten Fritz Höger.

The Town Hall with its 49-meter-high tower is the ideal starting point for a tour through Wilhelmshaven. The view from the Town Hall tower impressively substantiates the name "green city on the sea" while opening vistas of the surrounding Frisian region, of the Jadebusen and its "Lower Saxony Wattenmeer" National Park. The Town Hall, which was officially opened in 1929, stands on 1000 piles. The city's residents endearingly call it the "castle on the sea". It was built by Hamburg architect Fritz Höger.

L'hôtel de ville avec sa tour haute de 49 mètres est le point de départ idéal pour une balade à travers Wilhelmshaven. La vue du haut de la tour documente de façon impressionnante le surnom de »ville verte sur la mer«. La vue s'ètend sur la campagne frisonne, sur le golfe de Jade et son parc national »Niedersächsisches Wattenmeer«. L'hôtel de ville fut inauguré en 1929. Il repose sur 1000 pieux. Les gens d'ici l'appellent affectueusement "la forteresse au bord de la mer". Il fut construit par l'architecte de Hambourg Fritz Höger.

Der Blick vom Rathausturm zeigt die Nähe zum Meer, macht spürbar, wie eng Stadt und Meer verbunden sind. Deutlich erkennbar sind die gradlinigen Straßenzüge mit auflockernden Grünzügen sowie ganze Stadtviertel, die mit dem roten Backsteinziegel erbaut wurden. Immer wieder schweift der Blick über Hafenanlagen, die den maritimen Bezug der Stadt unterstreichen. Im Hintergrund zu erkennen ist das Marinearsenal mit seinen Kränen, der Südstrand und die Bebauung um den »Großen Hafen«.

The view from the Town Hall tower shows the proximity to the sea and demonstrates how close the ties are between city and sea. The straight lines of streets interspersed with green areas as well as entire city districts built of red brick are clearly vsible.
One's gaze inevitably roams over harbor facilities that underline the maritime flavor of the city. In the background one can perceive the naval arsenal with its cranes, "Südstrand" (South Beach) and the structures around the "Big Harbor".

La vue du haut de la tour de l'hôtel de ville montre la proximité de la mer, fait ressentir combien l'alliance de la ville et de la mer est étroite. Les rues rectilignes et les espaces verts sont facilement reconnaissables de même que les quartiers entiers construits en brique rouge. Le regard revient constamment aux installations portuaires qui soulignent le lien entre la ville et la mer. A l'arrière plan, l'arsenal maritime avec ses grues, la plage Südstrand et les construction autour du »Grand Port«.

FREESE
KKB
Bank

Die 2100 Meter lange Marktstraße mit ihren Nebenstraßen ist das Haupteinkaufszentrum und zugleich Mittelpunkt einer vollzogenen Stadtsanierung. Die im September 1997 eingeweihte Nordseepassage wurde zum architektonischen Mittelpunkt der Innenstadt. Die lichtdurchflutete Passage mit ihren 60 Einzelhandelsgeschäften, Cafés, Restaurants und Spezialgeschäften auf 23.000 qm Verkaufsfläche bietet Einkaufsflair der besonderen Art. Die Nordseepassage, 10 Minuten entfernt vom Meer, wurde zu einem attraktiven Einkaufserlebnis in Norddeutschland. Ebenfalls modern und zukunftsweisend – der integrierte neue Bahnhof.

2100-meter-long Marktstraße with its side streets is the main shopping center and, at the same time, the central point for urban renewal still in progress. The Nordseepassage, officially opened in September 1997 and the maritime center of the city, became the architectural highlight of the inner-city area. The arcade bathed in light with its 60 retail trade shops, cafés, restaurants and special stores on a sales area of 23,000 sqm offers shopping flair of a unique kind. The Nordseepassage, 10 minutes away from the sea, has become an attractive shopping experience in northern Germany. Equally modern and future-oriented – the integrated new railway station.

La Marktstraße longue de 2100 mètres et ses rues transversales constituent le principal centre commercial. Le programme d'assainissement en cours est centré sur cette rue. Le Nordseepassage, coeur maritime de la ville inauguré en 1997, est devenu le point de mire architectural du centre-ville. Ce passage inondé de lumière avec ses 60 commerces de détail, cafés, restaurants et boutiques spécialisées est un lieu de shopping fascinant. Situé à 10 minutes de la mer, il est particulièrement attrayant et apprécié dans toute l'Allemagne du Nord. La nouvelle gare est, elle aussi, moderne et tournée vers l'avenir.

Der Börsenplatz wurde in den letzten Jahren zu einem kommunikativen Mittelpunkt der Innenstadt. Zahlreiche attraktive Cafés und kleine Restaurants mit ihren Biergärten sind besonders in den Sommermonaten Treffpunkt für jung und alt. Die Häuser bilden ein Ensemble mit Elementen des Jugendstils. Wochenmärkte und Sonderveranstaltungen beleben diesen Platz zusätzlich.

Over the last year Börsenplatz has become a communicative center in the downtown area. Numerous attractive cafés and small restaurants with their beer gardens are a meeting place for young and old, particularly in summer months. The houses form an ensemble with Art Nouveau elements. Weekly markets and special events additionally liven up this square.

La Börsenplatz est devenue, au cours des dernières années, un foyer de communication du centre-ville. Des cafés nombreux et sympathiques et des petits restaurants avec leurs »Biergärten« sont des lieux de rencontre pour jeunes et vieux, surtout en été. Les maisons forment un ensemble avec des éléments de style 1900. Des marchés hebdomadaires et des manifestations particulières donnent encore plus de vie à cette place.

Der Tidebrunnen ist seit 1989 nicht nur der bauliche Mittelpunkt des Börsenplatzes. Aktuell informiert er über den Stand der Gezeiten im Jadebusen, signalisiert Ebbe und Flut.

Tidebrunnen ("Tide Fountain") has been the structural center of Börsenplatz since 1989. But that's not all: it provides up-to-date information on the tides in Jadebusen, signalling low and high tide.

La fontaine Tidebrunnen (1989) est le centre d'attraction architectural de la Börsenplatz. Elle renseigne aussi sur la hauteur et l'heure des marées dans le golfe de Jade.

Aus der Kaiserzeit stammen die Gebäude an der Rheinstraße, die Ende der 50er Jahre des 19. Jahrhunderts entstanden und Teil der Keimzelle Wilhelmshavens sind. Alte Gebäude, ehemals Kasernenanlagen, und der »Kaiser-Wilhelm-Brunnen«, der älteste Wilhelmshavener Brunnen, sind bauliche Dokumente preußischer Vergangenheit.

The edifices on Rheinstraße were built during the imperial period at the end of the 1850's and are part of the nucleus of Wilhelmshaven. Old buildings, formerly barracks, and the "Kaiser-Wilhelm-Brunnen", Wilhelmshaven's oldest fountain, are documents of the Prussian past.

Les édifices de la Rheinstraße datent de la période impériale. Ils furent construits à la fin des années cinquante du 19e siècle et font partie de la cellule d'origine de Wilhelmshaven. Les vieux bâtiments, les anciennes casernes et la fontaine Kaiser Wilhelm, la plus vieille de Wilhelmshaven, sont les témoins du passé prussien de la ville.

1906 im Renaissance-Stil erbaut wurde das »Robert-Koch-Haus«, benannt nach einem berühmten deutschen Arzt und Bakteriologen. Im Giebel erklingt stündlich ein Glockenspiel mit der Jahreszeit entsprechenden Melodien.

The "Robert Koch House", named after a famous German physician and bacteriologist, was build in Renaissance style in 1906. Chimes in the gable strike every hour with melodies based on the season.

La maison Robert Koch fut construite en 1906 en style Renaissance. Elle porte le nom d'un célèbre médecin et bactériologiste allemand. Dans le pignon un carillon sonne à chaque heure. Ses mélodies changent avec la saison.

Noch bis 1989 wurde der unter Denkmalschutz stehende Wasserturm im Kurpark ausschließlich für die Versorgung der Bevölkerung mit Trinkwasser genutzt. Gelegentlich wird der Turm zum ungewöhnlichen Veranstaltungsort für kulturelle Aktionen. Der 42 Meter hohe Turm wurde im Jahre 1908 gebaut.

The water tower in Kurpark, classified as a historical monument, was used until 1989 solely for supplying the population with drinking water. The tower occasionally becomes an unusual venue for cultural activities. The 42-meter-high tower was built in 1908.

Le château d'eau, classé monument historique et situé dans le Kurpark, servait exclusivement à ravitailler la population en eau potable jusqu'en 1989. Parfois la tour devient un cadre inhabituel pour des manifestations culturelles. Cette tour, haute de 42 mètres, fut construite en 1908.

Eines der Wahrzeichen der Stadt ist die im Jahre 1547 gebaute Kopperhörner Mühle, die 1839 im holländischen Stil umgebaut wurde. Bemerkenswert ist, daß die Mühle über 300 Jahre älter ist als die Stadt.

One of the city's landmarks is the Kopperhörner Mill, constructed in 1547 and then rebuilt in Dutch style in 1839. It is worth mentioning that the mill is more than 300 years older than the city.

L'un des symboles de la ville est le moulin de Kopperhörner, construit en 1547 et remanié dans le style hollandais en 1839. Il est intéressant de noter que ce moulin a 300 ans de plus que la ville.

Moderne Bauweise, die sich nahtlos in das Stadtbild einpaßt, veränderte in den vergangenen Jahren nachhaltig das Bild der Stadt. Das Seniorenstift direkt am Rathaus verkörpert einen neuen Trend komfortabler Wohnkultur für ältere Menschen.

Modern architecture that harmonizes well with the townscape has permanently changed the face of the city in past years. The home for the aged directly at the Town Hall embodies a new trend of comfortable interior decoration for senior citizens.

Une architecture moderne qui s'adapte parfaitement à celle déjà existante, changea beaucoup l'aspect de la ville, ces dernières années. La maison de retraite contre l'hôtel de ville, incarne la nouvelle tendance d'un habitat confortable pour les personnes âgées.

Das Helgolandhaus in der Nähe des Südstrands hat die »Waterfront« der Stadt architektonisch geprägt. Mit dem Motto »vorne Wasser – hinten Wasser – und in der Mitte wohnen« wurde reizvoller maritimer Wohnraum des gehobenen Standards geschaffen.

The Helgoland House near Südstrand has architecturally shaped the "waterfront" of the city. With the motto "water in front – water behind – and living in the middle" attractive maritime housing of a high standard has been created.

La »Helgolandhaus«, près de Südstrand, a influencé l'architecture du front de mer. Selon la devise: »de l'eau devant – de l'eau derrière – et habiter au milieu«, de nouveaux logements de haut standing au cachet maritime, ont été créés.

Sitz zahlreicher Behörden und städtischer Ämter ist das City-Haus am Rathausplatz, das zugleich den Platz zum Norden hin begrenzt.

City-Haus at Rathausplatz, which at the same time forms the northern boundary of the square, is the headquarters of numerous government authorities and municipal offices.

La City-Haus délimite la Rathausplatz au nord. C'est le siège de nombreux offices publics et administrations municipales.

Die grüne Stadt am Meer

Das Denkmal des »Prinz Adalbert von Preußen« steht inmitten liebevoll gepflegter Blumenanlagen an der Kopfseite des Adalbertplatzes. Prinz Adalbert war Mitte des 19. Jahrhunderts Ideengeber für die Gründung des Kriegshafens Wilhelmshaven. Die drei Meter hohe Bronzestatue wurde vom Bildhauer Karl Schuler im Jahre 1882 geschaffen.

The monument "Prinz Adalbert von Preußen" stands in the middle of lovingly tended flower beds at the top of Adalbertplatz. Prince Adalbert supplied ideas for the establishment of Wilhelmshaven's war harbor in the middle of the 19th century. The three-meter-high bronze statue was created by sculptor Karl Schuler in 1882.

Le monument au Prince Adalbert de Prusse est situé sur l'Adalbertplatz au milieu de beaux parterres de fleurs. C'est ce prince qui eut, au milieu du 19e siècle, l'idée de fonder à Wilhelmshaven un port de guerre. Sa statue, haute de trois mètres, est l'œuvre de Karl Schuler et date de 1882.

Die bekannte Berliner Anlage »Unter den Linden« war richtungsweisend für die Schaffung des Adalbertplatzes. Noch heute sind Parallelen zum bekannten Berliner Vorbild unverkennbar. Die interessante Anlage war früher repräsentativer Mittelpunkt für Veranstaltungen der Marine.

The layout of Berlin's well-known "Unter den Linden" was a model for the creation of Adalbertplatz, and today parallels are still unmistakable. The interesting ensemble used to be a impressive setting for events held by the navy.

L'Adalbertplatz est inspirée de la célèbre avenue berlinoise Unter den Linden. Encore aujourd'hui les ressemblances avec le modèle berlinois sont frappantes. La marine y organisait autrefois des parades et autres démonstrations de sa force.

Wasser und Grünanlagen prägen das Stadtbild. Erholungssuchenden bietet der Kurpark Ruhe und Entspannung. In den Sommermonaten ist die Musikmuschel gern besuchter Aufführungsort für Kurkonzerte.

Water and green areas are characteristic elements of the town. Kurpark offers tranquillity and relaxation to those seeking recreation. In the summer months the Music Shell is a much frequented site for concerts.

L'eau et les espaces verts caractérisent la ville. Le Kurpark est un havre de repos et de tranquillité. En été, les concerts donnés dans «la moule à musique» attirent de nombreux spectateurs.

König Wilhelm I, ist der Namensgeber der Stadt. Ihm ist es zu verdanken, daß die Stadt am Jadebusen entstand. Im 2. Weltkrieg eingeschmolzen, wurde die Statue 1994 aus Anlaß des 125jährigen Stadtjubiläums nach einer historischen Vorlage neu gegossen und auf den noch vorhandenen Sockel gestellt. Die notwendigen Gelder wurden einzig durch Spenden aus der Wirtschaft sowie durch die Einwohner Wilhelmshavens aufgebracht. Das Denkmal ist Ausgangspunkt der historischen »preußischen Achse«, die vorbei an Gebäuden aus der Gründerzeit der Stadt durch sehenswerte Parkanlagen führt.

The city was named after King Wilhelm I. It is thanks to him that the city at Jadebusen came into being. Melted down during the Second World War, the statue was recast according to a historical model and placed on the existing pedestal on the occasion of the town's 125th anniversary. The necessary funds were obtained solely through donations from industry as well as from Wilhelmshaven residents. The monument is the starting point of the historical "Prussian Axis", which runs past buildings from the late 19th century through attractive park grounds.

Le roi Guillaume I a donné son nom à la ville qui lui doit d'avoir été fondée sur le Jadebusen. Pendant la Deuxième Guerre Mondiale sa statue fut fondue mais en 1994, à l'occasion du 125e anniversaire de la ville, elle fut refaite d'après une copie historique et replacée sur le socle encore présent. Les fonds nécessaires provinrent uniquement de dons du commerce et de particuliers de Wilhelmshaven. Ce monument est le point de départ de »l'axe prussien« qui passe devant des édifices de l'époque de la fondation de la ville et traverse des parcs remarquables.

In Wilhelmshaven ist immer was los!

Ort der verschiedensten Veranstaltungen ist die Stadthalle, die zugleich die Fußgängerzone zum Norden der Stadt begrenzt. Die Stadthalle bietet Sitzplätze für 1.600 und Stehplätze für 3000 Besucher. Konzerte bedeutender europäischer Orchester, Gastspiele, Tourneeaufführungen und Kongresse haben zur überregionalen Bedeutung beigetragen.

A venue for a wide variety events, the Stadthalle forms the boundary to the northern section of the city. It offers seating for 1600 and standing room for 3000 guests. Concerts by renowned European orchestras, guest appearances, tour performances and conferences have contributed to the city's national significance.

Le Stadthalle qui délimite la zone piétonne au nord de la ville, sert de cadre aux manifestations les plus diverses. Il comprend 1600 places assises et 3000 places debout. Des concerts donnés par des orchestres européens de renom, des représentations de troupes de théâtre en tournée et des congrès ont contribué à lui donner une importance qui s'étend au-delà de la région.

Das Kulturzentrum Pumpwerk verfügt über einen einzigartigen Ruf in Norddeutschland und unterstreicht nachhaltig den Ruf Wilhelmshavens als »Kulturstadt«. Die Innenarchitektur hat den Charakter des ehemaligen Wasserpumpwerkes nicht verloren. Als Metropole der Kleinkunst, mit einem ansprechenden Programm für jung und alt, ist es einer der beliebtesten Treffpunkte der Wilhelmshavener sowie Anziehungspunkt für Besucher aus nah und fern.

The Pumpwerk cultural center has a unique reputation in northern Germany and impressively underlines Wilhelmshaven's reputation as a "cultural city". The interior architecture has not lost the character of the former water pumping station. As a metropolis of cabaret and variety performances, with an appealing program for young and old, it is one of the favorite meeting points for the people of Wilhelmshaven as well as an attraction for visitors from near and far.

Le centre culturel Pumpwerk jouit d'une réputation unique en Allemagne du Nord et contribue de façon durable à la renommée de »ville de culture« que possède Wilhelmshaven. L'architecture intérieure a gardé le caractère de l'ancienne installation de pompage. C'est le royaune du cabaret. Les programmes pour jeunes et vieux en font l'un des lieux de rencontre parmi les plus populaires de Wilhelmshaven. Ils attirent aussi de nombreux visiteurs de l'extérieur.

Sitz der Landesbühne Niedersachsen Nord ist das Stadttheater, in dessen Vordergrund die Flaggen der Wilhelmshavener Partnerstädte Norfolk/Virginia in den USA, Dunfermline in Schottland, Vichy in Frankreich und der mit Wilhelmshaven freundschaftlich verbundenen Stadt Bad Harzburg wehen.

Stadttheater is the home of the state theater company of northern Lower Saxony; in its foreground wave the flags of Wilhelmshaven's partner cities of Norfolk, Virginia in the U.S., Dunfermline in Scotland, Vichy in France as well as the city of Bad Harzburg, with which Wilhelmshaven has friendly relations.

Le Stadttheater est le théâtre d'état pour le nord du land de Basse-Saxe. Devant ce bâtiment flottent les drapeaux des villes jumelées de Wilhelmshaven: Norfolk/Virginie aux USA, Dunfermline en Ecosse, Vichy en France et celui de Bad Harzburg que des relations amicales lient à Wilhelmshaven.

Die Kunsthalle am Adalbertplatz, erbaut 1968, zeigt ganzjährig wechselnde Kunstausstellungen. Für Künstler der Region ist sie Darstellungsbühne sowie Sprungbrett für weitere künstlerische Aktivitäten.

Kunsthalle at Adalbertplatz, built in 1968, displays different art exhibitions throughout the year. For artists of the region it is a stage for exhibiting their works as well as a springboard for further artistic activities.

Le Kunsthalle sur l'Adalbertplatz, construit en 1968, présente toute l'année des expositions changeantes. Il permet aux artistes de la région de démontrer leur talent et de se lancer dans des activités artistiques subséquentes.

Das Küstenmuseum, direkt am Rathausplatz, vermittelt interessante Einblicke in der Geschichte der Stadt und dem »Mit- und Gegeneinander von Stadt und Meer«.
Ein besonderer Anziehungspunkt sind die über 50 Schiffsmodelle aus allen Epochen der deutschen Marine sowie Ausgrabungsgegenstände und Modelle des »Niedersächsischen Instituts für historische Küstenforschung«.

The Coast Museum, directly at Rathausplatz, conveys interesting insights into the history of the city and the "interaction between town and sea".
The over 50 model ships from all periods of the German Navy as well as excavation finds and models of the "Lower Saxony Institute for Historical Coastal Research" represent a special attraction.

Le musée Côtier sur la Rathausplatz donne d'intéressants aperçus sur l'histoire de la ville et «la coexistence amicale ou hostile de la ville et de la mer».
Les quelques 50 modèles de bateaux de toutes les époques de la marine allemande de même que les objets provenant de fouilles et les modèles de «l'Institut de Basse-Saxe pour les Etudes Historiques Côtières» constituent les attractions particulières de ce musée.

Ihren Hauptsitz in Wilhelmshaven hat die »Vogelwarte Helgoland«. In einer Ausstellung, die nach dem Helgoländer Vogelforscher Heinrich Gätke benannt ist, wird die heimische Vogelwelt präsentiert.

The “Helgoland Ornithological Station” has its headquarters in Wilhelmshaven. The local bird world is presented in an exhibition named after the Helgoland ornithologist, Heinrich Gätke.

«L’Observatoire des Oiseaux d’Helgoland» a son siège principal à Wilhelmshaven. Le monde des oiseaux indigènes est présenté dans une exposition nommée d’après l’ornithologue d’Helgoland, Heinrich Gätke.

Wasser –
Lebenselixier der Stadt

Romantische Einblicke in die preußische Vergangenheit vermittelt ein alter Briefkasten aus der Gründerzeit im Torbogen des Werfttor I.

Romantic looks back into the Prussian past are conveyed by an old mailbox dating from the late 19th century in the archway of Shipyard Gate I.

Une vieille boîte à lettres de l'époque de la fondation de l'empire dans l'embrasure de la Werfttor I rapelle avec romantisme le passé prussien.

1876 wurde das Werfttor I als Haupteingang zur Kaiserlichen Werft gebaut. Noch heute ist das Gebäude Eingang zum Marinearsenal und Zugang zu den Werftanlagen der Marine.

Shipyard Gate I was built as the main entrance to the Imperial Shipyard in 1876. Today the structure is still the entrance to the navy arsenal and to the naval shipyard facilities.

La Werfttor I date de 1876. C'était la porte principale des chantiers de constructions navales impériaux. Encore actuellement, elle donne sur l'arsenal et les chantiers de la marine.

Das Deutsche Marinemuseum wurde im Mai 1998 eröffnet und ist mit über 200.000 Besuchern jährlich eines der meist frequentierten Museen Nordwestdeutschlands. Gezeigt werden die Geschichte und Gegenwart der Deutschen Marine.

The German Navy Museum was opened in May 1998 and with over 200,000 visitors a year is one of the most frequented museums in northern Germany. The history and present of the German navies are exhibited.

Le musée Allemand de la Marine fut inauguré en mai 1998. Avec ses 200 000 visiteurs annuels c'est l'un des plus fréquentés d'Allemagne. Il est dédié à la marine allemande, ce qu'elle fut et ce qu'elle est maintenant.

Wilhelmshaven ist Deutschlands größter Marinestandort. Mit ca. 10.000 Arbeitnehmern im militärischen und zivilen Bereich ist die Marine der größte Arbeitgeber der Stadt. Die »blauen Jungs« gehören zum Stadtbild und haben in Wilhelmshaven einen hohen Stellenwert, denn ohne die Marine würde es die Stadt nicht geben. Die größten Schiffe der Deutschen Marine, sind in Wilhelmshaven beheimatet. In den Sommermonaten öffnet die Marine regelmäßig ihre »Pforten«, um den vielen Touristen einen hautnahen Eindruck von der Marine zu geben.

Wilhelmshaven is Germany's largest navy location. The Navy is the city's biggest employer with approximately 10,000 military and civilian employees. The "blue boys" are part of the everyday picture here and have great importance in Wilhelmshaven because without the Navy the city would not exist. The largest ships of the German Navy have their home in Wilhelmshaven. In summer months the Navy regularly opens its "gates" to give the many tourists a close-up insight into the Navy.

Wilhelmshaven est la plus grande base navale d'Allemagne. La marine qui donne du travail à quelques 10 000 personnes dans les secteurs civils et militaires est le plus grand employeur de la ville. Les »gars en bleu« font partie du paysage de Wilhelmshaven et y sont bien vus. En effet, sans la marine, la ville n'existerait pas. Les plus grands bateaux de la marine allemande ont Wilhelmshaven pour base. Pendant les mois d'été la marine ouvre ses »portes«. Ainsi les nombreux touristes peuvent tout voir de près.

Einst war sie die größte Drehbrücke der Welt, die »Kaiser-Wilhelm-Brücke«. Im Jahre 1907 wurde dieses Bauwerk fertiggestellt. Die Brücke ist eine der maritimen Sehenswürdigkeiten und die Verbindung zwischen Südstrand und dem Süden der Stadt.
Wilhelmshaven ist der einzige Tiefwasserhafen Deutschlands. Gemessen an den Umschlagzahlen entwickelte er sich in den vergangenen Jahren zum zweitgrößten Hafen Deutschlands, hinter Hamburg und vor den Bremer Häfen. Moderne Kai- und Umschlagsanlagen bieten alles, was schnelle und reibungslose Seeverkehre in alle Teile der Welt ermöglicht.

Once it was the biggest swing bridge in the world, the "Kaiser-Wilhelm-Bridge". This interesting technical structure was completed in 1907. The bridge is one of the city's maritime sights and the connection between Südstrand and the southern part of Wilhelmshaven.
Wilhelmshaven is the only deep-water port in Germany. Based on cargo handling figures, it has developed into the second largest German port, ranking after Hamburg and in front of the Bremen ports. Modern quay and cargo handling facilities offer everything that enables rapid and smooth sea transport to all parts of the globe. The largest Tankers in the world discharge their

Lorsqu'il fut construit le pont Kaiser Wilhelm était le plus grand pont tournant du monde. Cette remarquable réalisation technique fut complétée en 1907. Ce pont qui est l'une des curiosités maritimes de la ville réunit Südstrand à la partie sud de Wilhelmshaven.
Wilhelmshaven est le seul port en eau profonde d'Allemagne. Pour le volume des marchandises transbordées il est devenu le deuxième d'Allemagne, ces dernières années, derrière le port de Hambourg et devant celui de Brême. Des installations portuaires modernes permettent une circulation maritime rapide et sans accroc vers toutes les parties du monde.

Die größten Tanker der Welt löschen im Ölhafen ihr Rohöl. Nach einer Zwischenlagerung wird es durch Pipelines zu den Raffinerien in Hamburg und Nordrhein-Westfalen gepumpt.

The largest tankers in the world unload their crude oil in the Oil Harbor. After temporary storage it is pumped through pipelines to the refineries in Hamburg and Nordrhein-Westfalen.

Les plus grands bateaux-citernes du monde déchargent leur huile brute dans le port pétrolier. Elle est emmagasinée dans de grands reservoirs puis acheminée par oléoduc vers les raffineries de Hambourg ou de Nord-Rhin-Westphalie.

Wilhelmshaven am Wochenende

Zu einem maritimen Freizeittreffpunkt hat sich in den letzten Jahren der Südteil der Stadt entwickelt. Am Bontekai (oben), benannt nach Kommodore Friedrich Bonte, ist ein kleiner Museumshafen entstanden. Bereits Anker geworfen haben das im Jahre 1907 gebaute »Feuerschiff Norderney«, das bis Ende der 70er Jahre in der Deutschen Bucht auf der »Position Weser« lag und der letzte, 1950 gebaute dampfturbinenbetriebene Doppelschraubentonnenleger Deutschlands, die »Kapitän Meyer«.

In recent years the southern section of the city has developed into a maritime leisure-time meeting point. A small harbor museum has been set up at Bonte Quay (above), named after Commodore Friedrich Bonte. The "Feuerschiff Norderney", which was built in 1907 and lay at "Position Weser" in the German Bight until the end of the 70's, and the last stream-turbine-powered twin-screw buoy-laying ship in Germany, the "Kapitän Meyer", built in 1950, have already dropped anchor. In the last few

Durant ces dernières années la partie sud de la ville s'est développée en un lieu de loisirs liés à la mer. Sur le Bontekai (ci-dessus), nommé d'aprés le commodore Friedrich Bonte, un petit port musée s'est développé. Le »bateau-feu Norderney«, construit en 1907 et qui se trouvait jusqu'à la fin des années 70 dans la baie Allemande à la »position Weser« et le dernier poseur de bouées à double hélice et turbines à vapeur d'Allemagne, le »Capitaine Meyer« y ont déjà jeté l'ancre. Ces dernières

Großsegler aus aller Welt haben in den letzten Jahren den Bontekai als Geheimtip für Besuche entdeckt.
Ein Eldorado für die Freizeitschiffahrt ist der »große Hafen« (Bild oben), der zunehmend die Bedeutung eines Stadtsees erhält. Kleine Yachthäfen und eine attraktive Wohnbebauung vermitteln ein besoneres Flair. Besonderer Anziehungspunkt, direkt im »Expo am Meer-Forum«, ist »Oceanis«, eine virtuelle Reise in die aufregende Unterwasserwelt der Ozeane.

years large sailing ships from all over the world have discovered Bonte Quay as a marvelous place for visits.
The "bis harbor" (picture above), which is increasingly taking on the significance of a town lake, is an eldorado for yachting. Small yacht harbors and attractive residential housing convey a special flair. A special attraction, right in the "Expo am Meer-Forum", is "Oceanis", a virtual journey into the exciting underwater world of the oceans.

années, de grands voiliers du monde entier ont découvert la »bonne adresse« du Bontekai. Le »grand port« (photo ci-dessus) est un paradis pour la navigation de plaisance. Il joue de plus en plus le rôle d'un lac municipal. De petits ports pour les yachts et d'attrayantes maisons d'habitation lui donnent un chic particulier. »Oceanis« un voyage virtuel dans le monde sous-marin fascinant des océans est une attraction très particulière, offerte dans le »Forum de l'Expo au Bord de la Mer«.

Einmal im Jahr steht die Stadt kopf. Das »Wochenende an der Jade«, als Hafenfest gefeiert, zieht über 300000 Besucher aus nah und fern in die Nordseestadt. Kulturelles, lukullisches, sportliches und das »maritime Erlebnis« stehen im Mittelpunkt dieses Festes, das zu den größten in Norddeutschland zählt.

Once a year the city goes overboard. The "weekend on the Jade", celebrated as a harbor festival, attracts over 300,000 visitors from near and far to the city on the North Sea. Cultural, epicurean, sportive and the "maritime experience" are the focus of this festival, which numbers among the largest in northern Germany.

Une fois par an, la ville est sens-dessus-dessous. Le «week-end sur la Jade», la fête du port, attire, de près et de loin, plus de 300000 visiteurs dans la ville de la mer du Nord. Des activités culturelles et sportives, des victuailles pantagruéliques et le «contact avec la mer» sont les attraits principaux de cette fête qui compte parmi les plus grandes d'Allemagne.

Mehrmals täglich starten von April bis Mitte Oktober Hafenrundfahrten vom Helgolandkai. Auch das Seebäderschiff »Wilhelmshaven« macht in dieser Zeit täglich die Leinen los, um für max. 1.200 Fahrgäste eine Fahrt zur Hochseeinsel Helgoland zum besonderen maritimen Erlebnis werden zu lassen.

Harbor tours start from Helgoland Quay several times a day from April to mid-October. The seaside resort ship "Wilhelmshaven" also pushes off at this time every day in order to make the voyage to the island of Helgoland a special maritime experience for a maximum of 1200 passengers.

Plusieurs fois par jour, d'avril à la mi-octobre, des visites du port partent du quai d'Helgoland. Le bateau des stations balnéaires »Wilhelmshaven« largue chaque jour les amarres, à cette même période de l'année pour emmener quelques 1200 passagers vers l'île d'Helgoland, en haute mer, une expérience de la mer toute particulière.

Anziehungspunkt im Norden der Stadt ist der Geniusstrand mit seinem feinkörnigen Sand und einem in unmittelbarer Nähe zum Meer gelegenen idyllischen Campingplatz.

The center of attraction in the north of the city is Genius Beach with its fine-grain sand and an idyllic campground situated in immediate proximity of the sea.

La plage Geniusstrand avec son sable fin et son terrain de camping idyllique situé tout près de la mer est un lieu particulièrement populaire au nord de la ville.

Tideunabhängig den Wasserfreuden nachgehen können Besucher des »Banter Sees«, ein meereswasserhaltiger Binnensee, der zwischen dem Jadebusen und der Stadt liegt. Besonders Wassersportler finden hier ideale Bedingungen für ihre Sportarten.

Independent of the tides, visitors can delight in the waters of "Banter Lake", which contains seawater and is located between Jadebusen and the city. Especially water sports enthusiasts find ideal conditions for their various sporrting activities here.

Sur le «Banter See», un lac d'eau salée, situé entre la baie de Jade et la ville, les amis de l'eau s'en donnent à cœur joie sans se soucier des marées. Les sportifs y sont particulièrement gâtés.

Treffpunkt für jung und alt, und das zu fast jeder Jahreszeit, ist der Südstrand mit seiner südländisch anmutenden Promenade. Er ist der einzige Südstrand an der deutschen Nordseeküste. Gemütliche Pensionen, kleine Cafés und Restaurants sorgen für ein Ambiente, das seinesgleichen sucht. Das Seewasseraquarium, das Nationalparkzentrum »das Wattenmeerhaus«, das Deutsche Marinemuseum, die Dauerausstellung der »Pottwal von Baltrum« sind Attraktionen rund um den »grünen Strand«. Der Südstrand ist Ausgangspunkt für lange Deichspaziergänge oder Touren mit dem Fahrrad.

Südstrand, with the Mediterranean flair of its promenade, is a meetingplace for young and old at almost every time of the year. It is the only "South Beach" on the German North Sea coast. Cosy guest houses, small cafés and restaurants provide for on atmosphere that is unparalleled. The seawater aquarium, the National Park Center called "das Wattenmeerhaus", the German Navy Museum and the permanent exhibition of the "Sperm whale from Baltrum" are some of the attractions around the "green beach".
Südstrand is the starting point for long walks on the dike or bike tours.

Südstrand avec sa promenade au charme méridional est un lieu de rencontre pour jeunes et vieux et ceci presque en chaque saison. C'est la seule plage de la mer du Nord allemande qui soit orientée vers le sud. D'aimables pensions, de petits cafés, des restaurants créent une ambiance sans pareil.L'aquarium d'eau de mer, la »Maison de la Mer du Watt«, Centre du Parc National, le musée Allemand de la Marine, l'exposition permanente »le cachalot de Baltrum« sont des attractions groupées autour de la »plage verte«.
Südstrand est le point de départ de longues promenades à pied ou en bicyclette sur la digue.

Die Burganlage »Kniphausen« wurde 1990 restauriert und gehört zu den beliebten Ausflugszielen in der Stadt. Fast lebendig ist die wechselvolle Geschichte der alten friesischen Burganlage. Die Stiftung Burg Kniphausen belebt durch kulturelle Veranstaltungen die imposante Anlage und hat sie zu einem kulturellen Aushängeschild entwickelt.
Aus dem 17. Jahrhundert stammt das Wasserschloß Gödens (oben). Die »Gödenser Schloßkonzerte«, die regelmäßig in dem altehrwürdigen Gemäuer veranstaltet werden, verschafften dem Schloß einen überregionalen, kulturellen Ruf.

The “Kniphausen” castle complex was restored in 1990 and is a favorite excursion point in the city. The varied history of the old Frisian castle almost comes alive again. The Kniphausen Castle Foundation enhances the imposing setting through cultural events, such as the “Days of the European Song”, and has developed the site into a cultural attraction.
The Gödens Castle, surrounded by water, dates back to the 17th century. The “Gödens Castle Concerts”, which are regularly held within the venerable old walls, gave the castle a nationwide cultural reputation.

La forteresse de «Kniphausen» fut restaurée en 1990 et constitue l’un des lieux d’excursions les plus populaires de la ville. On peut revivre sur place l’histoire mouvementée de cette vieille forteresse frisonne. La fondation «Burg Kniphausen» y organise des manifestations culturelles comme «Les journées de la chanson européenne». Elle a donné à cet imposant complexe un renom culturel.
Le château à douves de Gödens date du 17e siècle (ci-dessus). Les «concerts du château de Gödens» ont fait connaître ce château bien audelà des frontières de la région.

Als Burganlage, mitten im Ortskern gelegen, entstand um 1400 das heutige Schloß Jever. Der Zwiebelturm aus der Barockzeit ist schon von weitem als Wahrzeichen der friesischen Kreisstadt zu erkennen. Ein interessantes Heimatmuseum in den Räumen des Schlosses vermittelt Einblicke in die Historie von Stadt und Region.

The present Schloß Jever, situated in the heart of the town, was built as a castle around 1400. The onion tower from the baroque period can be seen from afar as a landmark of the Frisian district town. An interesting museum of local history in the rooms of the castle conveys insights into the history of the town and the region.

Le château de Jever était à l'origine – vers 1400 – une forteresse située au milieu du village. La tour baroque à bulbe d'oignon, bien visible de loin, est l'emblème de ce chef-lieu d'arrondissement frison. Un musée des traditions locales aménagé dans les salles du château, renseigne sur l'histoire de la ville et de la région.

Über 100 Buddelschiffe präsentiert das Buddelschiffmuseum in Neuharlingersiel. Vom »Ur-Menschen auf einem Baumstamm« bis hin zum Untergang der »Titanic« sind Zeitereignisse in kleinen und großen Flaschen verewigt und zeigen eindrucksvoll die hohe Kunst der Buddelschiffbauer.

The Bottle Ship Museum in Neuharlingersiel presents over 100 bottle ships. From "primeval man in a tree" to the sinking of the "Titanic" historical events are immortalized in large and small bottles and impressively demonstrate the fine art of bottle ship makers.

Le musée des bateaux contenus dans des bouteilles à Neuharlingersiel en présente plus de 100. De nombreux évènements historiques – de l'homme des cavernes sur un tronc au naufrage du «Titanic» – sont immortalisés dans de grosses ou de petites bouteilles et montrent de façon très impressionnante le grand art des confectionneurs de bateaux dans des bouteilles.

Zu den idyllischen Küstenorten an der Nordsee gehört Neuharlingersiel. Täglich kann man das Ein- und Auslaufen von Krabbenkuttern in dem gemütlichen Sielhafen beobachten. Neuharlingersiel ist auch Ausgangs- und Zielort für Fahrten zur Nordseeinsel Spiekeroog, eine der noch am natürlichsten gebliebenen ostfriesischen Inseln.

Neuharlingersiel is one of the idyllic coastal towns on the North Sea. Every day one can watch the shrimp boats sail in and out of the cosy harbor. Neuharlingersiel is also the starting point and destination for trips to the North Sea island of Spiekeroog, one of the most naturally preserved East Frisian islands.

Neuharlingersiel compte parmi les lieux les plus idylliques de la côte de la mer du Nord. Chaque jour, dans le charmant petit port, on peut voir les cotres qui entrent et qui sortent pour la pêche aux crevettes. C'est à Neuharlingersiel aussi que l'on embarque pour Spiekeroog, l'une des îles de la Frise orientale parmi les plus sauvages.

Chronik

1383
Errichtung einer Burganlage »Sibetsburg«
1433
Zerstörung der Burganlage
1853
Abschluß des Jadevertrags zwischen dem Königreich Preußen und dem Großherzogtum Oldenburg
1869
Namengebung durch König Wilhelm I. von Preußen
1873
Verleihung der Stadtrechte
1880
Baubeginn des Ems-Jade-Kanals
1919
Wilhelmshaven wird selbständige Stadt
1929
Fertigstellung des Rathauses von Rüstringen, dem späteren Rathaus von Wilhelmshaven
1937
Zusammenschluß der Städte Wilhelmshaven und Rüstringen zu »Wilhelmshaven«
1938
Durch Eingemeindungen zur »Großstadt«
1944
Durch schwere Luftangriffe fast völlige Zerstörung des Stadtkerns
1946
Eingliederung in das Land Niedersachsen
1955
Die ersten Bundeswehrbeamten der Marine nehmen ihren Dienst auf
1957
Wiederinbetriebnahme des Flugplatzes Mariensiel. Bau des Ölhafens einziger Tiefwasserhafen Deutschlands.
1965
Staatliche Ingenieurschule
1971
Gründung der Fachhochschule
1972
Zusammenschluß von Sengwarden mit Wilhelmshaven
1986
»Nationalpark Niedersächsisches Wattenmeer«
1995
Einweihung Nationalparkzentrum »das Wattenmeer«
1996
Wilhelmshaven wird mit der »Expo am Meer« dezentrales Projekt der Weltausstellung »Expo 2000« in Hannover
1997
Einweihung der Nordseepassage mit neuem Bahnhof
1998
Einweihung des Deutschen Marinemuseums

Chronicle

1383
Building of a castle complex "Sibetsburg"
1433
Destruction of "Sibetsburg"
1853
Jade Agreement signed by kingdom of Prussia and grand duchy of Oldenburg
1869
Name given by King Wilhelm I of Prussia
1873
Conferring of town charter
1880
Beginning of construction of Ems-Jade Canal
1919
Wilhelmshaven becomes an independent city
1929
Completion of Town Hall of city of Rüstringen, later to become Wilhelmshaven's Town Hall
1937
Joining of the cities of Wilhelmshaven and Rüstringen into "Wilhelmshaven"
1938
Wilhelmshaven becomes a "big city"
1944
Almost complete destruction of city core by heavy air raids
1946
Incorporated into the state of Lower Saxony
1955
The first members of the West Germany naval armed forces commence their service
1957
Operations at Mariensiel Airport start up again. Construction of Oil Harbor and development into only deepwater port in Germany
1965
State Engineering School
1971
Founding of the Polytechnic
1972
Joining of Sengwarden with Wilhelmshaven
1986
"Wattenmeer National Park of Lower Saxony"
1995
Official opening of "das Wattenmeerhaus", the National Park Center
1996
Wilhelmshaven becomes a decentralized project of EXPO 2000 in Hannover through the "Expo am Meer"
1997
Official opening of Nordseepassage with new railway station
1998
Official opening of German Navy Museum

Histoire

1383
Construction d'une forteresse »Sibetsburg«
1433
Destruction de la forteresse »Sibetsburg«
1853
Contrat de Jade entre le royaume de Prusse et le grand-duché d'Oldenbourg
1869
Le roi Guillaume I donne son nom à la ville
1873
Les droits de ville sont accordés à Wilhelmshaven
1880
Construction du canal Ems-Jade
1919
Wilhelmshaven devient une ville autonome
1929
L'hôtel de ville de la ville de Rüstringen – le futur hôtel de ville de Wilhelmshaven – est complété
1937
Les villes de Wilhelmshaven et de Rüstringen sont jointes
1938
Wilhelmshaven devient »Großstadt«
1944
Les bombes détruisent presque entièrement le centre-ville
1946
Est incorporé au land de Basse-Saxe
1955
Les premiers fonctionnaires de la marine fédérale entrent en fonction
1957
L'aéroport de Mariensiel est remis en service. Construction du port pétrolier. Aménagement de l'unique port en eau profonde d'Allemagne
1965
L'Ecole d'Etat de Génie ouvre ses portes
1971
Fondation de l'Etablissement d'Enseignement Supérieur Spécialisé
1972
Sengwarden est incorporé à Wilhelmshaven
1986
»Parc National Wattenmeer de Basse-Saxe«
1995
Inauguration de la »Wattenmeerhaus«, Centre du Parc National
1996
Wilhelmshaven devient, avec »l'Exposition au Bord de la Mer«, projet extérieur de l'Exposition Internationale, »Expo 2000«, à Hanovre
1997
Inauguration du Nordseepassage et de la nouvelle gare
1998
Inauguration du musée allemand de la Marine